Friedrich Benesch

Zerstörung oder Verwandlung der Erde

Vorträge

35

Friedrich Benesch

Zerstörung oder Verwandlung der Erde

Zur Atomfrage
aus religiöser Sicht

Urachhaus

ISBN 3 87838 496 3

Umschlaggestaltung Hans Joachim, Stuttgart.
Satz und Druck der Offizin Chr. Scheufele, Stuttgart.

Vorträge
gehalten am 12. und 13. Oktober 1979 in Stuttgart
im Hörsaalprovisorium am Max-Kade-Weg.

I. Zerstörung oder Verwandlung der Erde

Meine sehr verehrten, lieben Anwesenden!
Lassen Sie mich gleich zu Beginn der Hoffnung Ausdruck geben, daß wir hier aufgrund des brisanten Themas, mit dem wir uns heute abend beschäftigen wollen, nicht die Versammlung umfunktionieren werden in eine politische Abstimmungsversammlung. Wir könnten ja hergehen und die Vertreter des Pro oder Contra auftreten und ihre Meinungen sagen lassen, danach abstimmen und dann befriedigt nach Hause gehen. Das Abstimmungsergebnis wäre wohl voraussehbar. So ist unsere Zusammenkunft jedoch nicht gemeint. Denn in dieser Form würden wir etwas tun, wozu die Menschheit heute neigt, nämlich allem Anschein nach realistisch und konkret zu einer bestimmten Sache Stellung zu nehmen. Aber gerade dieses weitumfassende Thema – die Erde und ihre Zukunft – läßt sich nicht so kurzgriffig behandeln, daß man nur einen Teil aus dem Zusammenhang herausgreift und damit etwa die Atomfrage anscheinend zielstrebig einem Ja oder Nein zuführt.
Daß wir uns heute überhaupt mit der Atomenergie in ihren verschiedenen Formen auseinanderzusetzen haben, das ist das Ergebnis einer langen Entwicklung, das Ergebnis dessen, was Menschen hervorgebracht haben. Aber es sind gleichzeitig – und das ist wiederum deutlich zu spüren an dem emotionalen Element, das sich mit der Diskussion um dieses Thema immer verbindet – auch gravierende Zukunftsperspektiven damit verbunden. Wir sollten also nicht bloß die gegenwärtige Situation aus dem Ganzen her-

ausreißen und für sich betrachten. Man braucht Atem dazu. Dieser Atem muß viel weitreichender sein, als man zunächst meint. Und ich möchte mir erlauben, am Anfang diesen Atem dadurch zum Schwingen, zum Klingen zu bringen, daß ich versuche darauf hinzuschauen, wie es jetzt hier in Stuttgart aussieht und wie wir in nächster Nähe atomar betriebene technische Werke am Neckar stehen haben. Doch schauen wir auch rückwärts und fragen uns: Wie hat es hier vor 10000 Jahren ausgesehen? Und wenden wir uns nach vorn: Wie wird es hier in 10000 Jahren aussehen? Auf diese Weise ist das aktuelle Problem in seinen Zusammenhang eingefügt. In unserer Gegend hat das Verhältnis zwischen Erde und Mensch, dessen spezieller Ausdruck die Kernfrage heute geworden ist, etwa vor 10000 Jahren angefangen: Das Eis hatte sich zurückgezogen. Kleine Gruppen von Menschen, man nennt sie in der Archäologie, in der Anthropologie Horden, kamen aus südlichen und östlichen Gegenden in dieses Gebiet herein, fanden hier noch die Reste der Eiszeit vor – die Taiga und Tundra – und begannen ihr Leben auszubauen. Die Zeugnisse, die von jenen Menschen übriggeblieben sind, die hier angefangen haben mit der Erde umzugehen, sind äußerst primitiv. Es sind Wohngruben, Steinwerkzeuge, Werkzeuge aus Horn, Knochen und Holz. Und weil man diese Funde heute in der Hand hat, meint man, daß die Beziehung jener Menschen zur Erde eine äußerst primitive gewesen sei. Merkwürdig bleibt allerdings, daß gerade diese scheinbar äußerlich so primitiven Menschengruppen, welche langsam die Erde an den Flüssen hinauf, in die Täler hinein besetzten, auch Spuren religiöser Kulte hinterlassen haben, insbesondere von Kulten mit den Toten. Man hat versucht, diese Spuren eines höheren Lebens, einer Religion als Aberglauben und Fetischismus zu interpretieren, war aber doch betroffen, als man die Kunstwerke jener Menschen entdeckte. Die Eiszeitkunst zeugt von einer eigenartigen, hohen künstlerischen Fähigkeit.

Wovon haben diese Menschen gelebt? Gewiß von der Erde, die sie jedoch so berührten, daß sie rein von ihrer überfließenden Natur lebten. Die Natur *gab* Tiere und Pflanzen. Und indem die Menschen ernteten, sammelten, erfuhren sie eine allererste Berührung mit der Erde, ohne daß zunächst ihr Seelenwesen davon tiefer geprägt worden wäre. Eine merkwürdige irdische Genügsamkeit war ihnen eigen, wohingegen die religiösen und künstlerischen Elemente dafür sprachen, daß ein völlig anderes Bewußtsein als das unsere sie bewegte. Welcher Art das Bewußtsein gewesen sein mag, können wir auch noch in diesem 20. Jahrhundert vergleichsweise ahnen, da noch immer unter den Naturvölkern Menschengruppen zu finden sind, in denen ein derartiges Bewußtsein, eine derartige Seelenhaltung wie in allerletzten Dämmerungsphasen in Erscheinung tritt. Ich möchte Sie zum Beispiel nur an die Verhältnisse erinnern, die Laurence van der Post bei den Buschmännern antraf, die äußerlich in unserer Zeit nichts anderes taten und hatten als jene Menschen in der Steinzeit. Und auch sie tragen ein höheres Erleben und Wissen in sich. 1976 ist ein sehr schönes Buch erschienen von Thomas Goebel mit dem Titel »Erde, die die Seele trägt«. Der Verfasser hat in Australien Ureinwohner, die Australiden, aufgesucht, sich ganz auf deren Seelenleben eingelassen und von ihnen erfahren, in welcher Weise diese Menschen heute noch in der Natur die geistige Welt erleben.

Vor acht- bis zehntausend Jahren waren die Menschen noch übersinnlich schauend. Ob sich dies in einer ganz starken, im gewöhnlichen Tagesbewußtsein auftretenden Hellsichtigkeit äußerte oder in Traumzuständen, ist eine andere Frage. Was von der Erde aufstieg als Fülle, als Überfluß der Kräfte, des Lebens dieser Erde in Pflanze und Tier, Wolke und Wind, in Sonne, Mond und Sternen, kam jenen noch eigentlich in den Himmeln, in der Hellsichtigkeit lebenden Seelen entgegen. Sie lebten vom Überfluß der Erde, sie erfuhren den Himmel als das väterlich Zeugende, Schaffende und die Erde als das mütterlich Hervorbringende. Der Mensch war über Jahrtausende hin vollständig geborgen in dieser Art mit der Erde zu leben, mit ihr tätig zu sein.

Überraschend, fast übergangslos führt diese Phase der Entwicklung in eine neue, und wir sehen, daß mit einemmal über die ganze Erde weg, mit Ausnahme von Australien, die Menschengruppen einen Schritt tun, der sie aus diesem nahezu unschuldig kindlichen Ernten und Leben aus der Überfülle der Erde hinausdrängt. Man kann vordergründig überhaupt nicht verstehen, wie so binnen einem bis anderthalb Jahrtausenden der Mensch von Ostasien über Polynesien, über Hinter- und Vorderindien, über Vorderasien, Europa und Afrika und schließlich Nord- und Südamerika den Schritt macht vom Jäger zum Hirten. Was das allein heißt: vom Sammler zum Bauern und Gärtner, vom Magier zum Technokraten, zum Handwerker. Scheinbar völlig unabhängig voneinander auf weitesten Kontinenten etwa zur gleichen Zeit dieser Schritt, den man in der Anthropologie als die große Kulturrevolution bezeichnet. Was geschieht da? Der Mensch greift jetzt richtiggehend in die Erde ein, indem er nicht nur sammelt, sondern sät und ern-

tet, hackt und ackert, indem er die Tiere nicht nur jagt, sondern hegt und pflegt, indem er selber an der Erde beginnt zu arbeiten und auch die Tiere als Last- und Zugtiere in diese Arbeit einfügt, und indem er das Material der Erde jetzt systematisch handwerklich ergreift über das Töpfern, Spinnen und Weben, das Schnitzen und Handwerken. Eine ganz gewaltige Veränderung des Verhältnisses des Menschen zur Erde ist eingetreten.
Lassen Sie uns darauf schauen, wie das künstlerische Element das handwerkliche und bäuerliche Tun durchzieht, wie der einfachste Hirte seinen Hirtenstab künstlerisch gestaltet, wie aber zugleich mit dem Auftreten von Ackerbau und Viehzucht, von Arbeit an und mit der Erde, neue Kulte entstehen, ein neues religiöses Handeln, das sich in bäuerlichen Fruchtbarkeits- und Segenskulten manifestiert. Man kann diese Strömungen gar nicht recht erkennen, wenn man nicht sieht, daß hinter den sich bildenden Kulturen, die zu den Hochkulturen in Asien, in Nordafrika, Europa und Amerika aufwuchsen, eine Führung steht. Eine Führung, die das alte primitive Hellsehen, die alten Beziehungen der Menschheit zur geistigen Welt dadurch ablöst, daß Mysterienstätten eingerichtet werden. In ihnen werden Menschen so geschult und erzogen, daß sie die Verbindung mit der geistigen Welt herzustellen vermögen, eine Verbindung mit dem Reich, aus dem die Menschenkinder kommen, in das die Toten gehen und aus dem der Mensch mit Hilfe der in den Mysterienstätten gepflegten Kulte in die Lage versetzt wird, sich gegenüber der Erde religiös zu verhalten. Die Mysterienleiter wußten, daß der Mensch, der nun anfing die Erde bäuerlich und als Hirte zu bearbeiten, ihr fortwährend etwas von ihren Lebenskräften abzog, und sie tru-

gen Sorge dafür, daß er diesen Raub an der Erde, diesen Eingriff in die Natur wiedergutmachte. Dies konnte nur geschehen, indem er versuchte, nicht aus den Kräften der Erde selbst, sondern aus dem Himmlischen, aus dem Kosmischen Kräfte herzuleiten, welche die Erde fruchtbar bleiben ließen. Die verschiedensten Fruchtbarkeitskulte bildeten sich heran, die sich sowohl auf die Tiere wie auf den Menschen, vor allem aber auf die Erde selber bezogen, auf Wald und Acker. Erst unter diesem Aspekt, daß die Menschen ein Empfinden dafür entwickelten, der Erde etwas zu schulden, werden die Fruchtbarkeitskulte verständlich. Durch Jahrtausende hindurch haben die Mysterienleiter, die Priester, die Eingeweihten die Kulturen in diesem Sinne gelenkt und dafür gesorgt, daß die Erde nicht mißbraucht wird, sondern der Mensch ihr auf andere Weise zurückgibt, was er ihr notwendigerweise fortnehmen muß. Als sich das Christentum verbreitete, traf es in Nordafrika, in Süd-, Mittel- und Nordeuropa auf bäuerliche Gemeinschaften, die Fruchtbarkeitskulte trieben. Und das Eigenartige ist, daß das Christentum selbst sich in der Entwicklung des christlichen Kultus an diesen Vorgängen beteiligt hat. Bis heute sind noch Reste davon in bäuerlichen Gegenden erhalten geblieben, wir kennen Felderbegehungen und Felderprozessionen.

Das Hellsehen war nicht mehr – wie zu Beginn – allgemeines Eigentum der Menschen, sie wandten sich mehr und mehr der äußeren sinnlichen Welt zu. Es mußte die hellseherische Verbindung mit der geistigen Welt durch die Priester an den Mysterienstätten aufrechterhalten werden, um in den Gemeinschaften, vor allem aber im Verhältnis von Mensch und Erde Gesundheit und Gedeihen zu erlangen.

Aus solchen Hintergründen heraus kann man verstehen, wie es zu den Hochkulturen in den letzten Jahrtausenden vor Christus kam, wie sich der Übergang von der älteren zur jüngeren Steinzeit und schließlich von der jüngeren Steinzeit, die ja im wesentlichen die Zeit der Entwicklung des Bauerntums war, zu den Metallzeiten vollzog. Von dem Zeitpunkt an, wo der Mensch nach den Metallen greift, beginnt, aus dem Handwerk heraus wachsend, Technologie. Und wiederum muß man sagen, diese Technologie war zunächst noch so, daß von der Oberfläche der Erde die notwendigen Erze eingesammelt werden, um sie zu verhütten. Aber man braucht sich nur zu erinnern, wie zum Beispiel hier in Deutschland im Mittelalter ganze Wälder für die Kohlenmeiler, mit denen die Erze verhüttet wurden, verbraucht worden sind, um sich den Schritt vom Handwerk zur Technologie zu verdeutlichen. Die Technologie entwickelte sich in den einzelnen Hochkulturen verschieden schnell. Gerade die europäische Menschheit ist es, die dabei voranschreitet. Denn die einheimischen Technologien in Asien und Afrika sind gegenüber den Entwicklungen in Europa noch naturgetragen, naturverbunden.

Wir nähern uns dem nächsten gewaltigen Schritt der Menschheit in ihrem Verhältnis zur Erde: Sie lebt jetzt nicht mehr aus dem Überfluß der Erde, und sie ist mit ihrem Seelenleben nicht mehr ganz in den überirdischen Welten zu Hause. Sie lebt auch nicht mehr nur mit der Erde mit, indem sie deren Fruchtbarkeit pflegt und hegt und die Verbindung mit den geistigen Welten durch die Mysterien aufrechterhält. Es kommt jetzt unweigerlich der Zeitpunkt, zu dem sich das menschliche Bewußtsein

dem stofflichen Dasein intensiv zuwendet und seine Lebensweise vollständig aus dem Gebrauch des Stofflichen entwickelt.
Ich habe eben von dem Wort »Technologie« gesprochen. Man sieht, wie diese Technologie immer noch – auch wenn es sich bereits um Verhüttung handelt – handwerklich ist. Es hat sich noch nicht ganz das Technische vom Menschen entfernt und abgelöst.
Mit dieser Zuwendung des Menschen zur äußeren materiellen Sinneswelt und dem Bau der äußeren materiellen Kulturen und Zivilisationen, mit der Pflege des Künstlerischen, des Religiösen aus den Mysterienstätten heraus, geht aber auch noch eine andere Entwicklung vor sich, und das ist die Entstehung des intellektuellen menschlichen Denkens.
Wir haben im allgemeinen die Vorstellung, die Menschen jener Zeit hätten gedacht wie wir. Aber das ist ein schwerwiegender Irrtum. Sie haben wahrgenommen, sie haben erlebt und das Erlebte ins Wort gebracht. Mit den Erlebnissen, mit dem gesprochenen Wort webte Gedankenartiges durch die Seelen auch beim übersinnlichen Wahrnehmen. Erst später, etwa zur Zeit des Mysteriums von Golgatha, löste sich der Intellekt, die Intelligenz mehr und mehr von dem Seelischen des Menschen, von seinen Sinneswahrnehmungen und fing an, eine eigene Kraft im menschlichen Bewußtsein zu werden. Man sieht mit einemmal, daß eine neue Macht die Erde zu ergreifen sucht, eben diese menschliche Intelligenz. So wie der Mensch vorher aus dem Überfluß der Natur, so wie er nachher in einem wunderbaren Wechselspiel mit der Natur gelebt hat, so beginnt er jetzt die Natur unter die Füße zu bekommen. Er beginnt sie zu

durchschauen, er beginnt sie wissenschaftlich zu verstehen, er beginnt sie zu beherrschen. Und es durchzieht besonders die europäische Menschheit ein unglaublicher Triumph darüber, daß man jetzt verstehen kann, wie die Natur funktioniert, wieso die Himmelskörper da draußen durch Flieh- und Anziehungskraft das Planetensystem bilden, verstehen kann, wie die Kräfte der Schwere, die Kräfte der Chemie usw., die mechanischen Kräfte im irdischen Dasein wirken. Man kann sagen, der dritte Durchbruch ist derjenige zur Intelligenz, zur intellektuellen Begegnung und Behandlung der Erde.

Verehrte Anwesende, die Naturwissenschaft entsteht. Und mit dieser Naturwissenschaft geht es nun unerbittlich und unaufhaltsam Schritt für Schritt in einem immer mehr sich steigernden Tempo vorwärts. Denken Sie an die Naturforscher des 16., des 17. Jahrhunderts, dann an die des 18., 19., einen Galilei, einen Newton, einen Darwin. Wir kommen an die Schwelle, an der die menschliche Intelligenz die allerwichtigste Entdeckung in bezug auf die Natur gemacht hat, nämlich die der Elektrizität.

Ich denke, verehrte Anwesende, Sie fühlen jetzt, warum ich auf diesen großen Atem der Menschheitsgeschichte hinweisen mußte: Damit man empfindet, was eigentlich vor sich gegangen ist in der Beziehung des Menschen zur Erde und der Veränderung dieser Beziehung. Denn solange die alte Menschheit noch ein religiöses Verhältnis zur Erde hatte, indem sie von ihr lebte – in alten bäuerlichen Kulturen und schließlich in Hochkulturen –, war der Mensch äußerlich vom Erdorganismus getragen. Anders wurde das in dem Moment, in dem der Mensch zu dieser seiner Mutter Erde ein intellektuelles Verhältnis begründete, indem er anfing, die Mutter zu verstehen und zu durchschauen, so daß gerade das religiöse Verhältnis zur Erde notwendigerweise aufhörte. Man verstand mit dieser Erde allmählich zu machen, was man wollte. Aber immer noch arbeitete auch der auf die Technik ausgerichtete Mensch mit natürlichen mechanischen und chemischen Kräften. Bis schließlich diese Intelligenz in der europäischen Menschheit des 19. Jahrhunderts den letzten Schritt tat, den der Entdeckung der Elektrizität, dieser merkwürdigen Naturkraft, die nirgends direkt in Erscheinung tritt und dennoch in einer geheimnisvollen Weise dem Ganzen zugrunde liegt. Tatsächlich hatten die Menschen am Ende des 19. Jahrhunderts das Gefühl, daß eigentlich diese verborgene, merkwürdige Kraft der Elektrizität die wahre Seele der Natur sei. Jetzt, so meinten sie, haben wir sie in der Hand! Doch bleibt zu sagen: Wenn es auch zu großen Triumphen der Elektrizitätsentwicklung im 19. und schließlich Anfang des 20. Jahrhunderts kam, man arbeitete bereits mit dieser merkwürdigen untersinnlichen Kraft – an den Stoff, an die Materie war man noch nicht herangekommen. Das blieb unserem Jahrhundert vorbehalten. Und nun entstand die Technologie, mit der wir heute zu leben haben:

Der Mensch wird aufmerksam auf den natürlichen radioaktiven Zerfall der schwersten Elemente in der Natur, und er entdeckt, daß von diesem Zerfall Strahlungen ausgehen. Er greift nach diesen Strahlungen. In den 90er Jahren des vorigen Jahrhunderts geschieht das. Er entdeckt, daß er die Materie selber aufbrechen, daß er das vorher für unteilbar gehaltene Atom aufbrechen kann in seine Bestandteile, seine Elementarpartikel und dies wiederum in ihre quantenhaften Urelemente. Das kann er nur dadurch, daß er sich Gedanken, Begriffe bildet von einer höchstentwickelten, gestalteten Mathematik, von einer höchst differenzierten Geometrie, mit deren Hilfe diese geheimnisvollen untersinnlichen, untergründigen Vorgänge der in der Materie gebundenen Kräfte in seinen Zugriff gelangen. Man faßt diese Gebiete heute so zusammen, daß man von der Atomtheorie, der Quantentheorie, der Relativitätstheorie spricht. Das sind Begriffe, die heute überall zu finden sind. Der Mensch entdeckt etwas, das außerhalb seines bisherigen Verhältnisses zu der Materie liegt, auch außerhalb seines bisherigen Verhältnisses zu den Lebenskräften; er bekommt ein Energiepotential in die Hand, das direkt der Inhalt der Materie selber, des Stoffes selber ist. Und mit diesem Element, mit diesen Kräften beginnt er nun zu arbeiten.

Nun, sehr verehrte Anwesende, was bedeutet das? Der ganz frühe Mensch, der Jäger und Sammler, der aus dem mütterlichen Überschuß des Lebens der Erde sich ernährte auf seine primitive Weise, konnte so leben, weil er mit seinem Bewußtsein gar nicht auf der Erde war, sondern noch in dem Zwischengebiet zwischen den übersinnlichen und den irdischen Welten. Der weiter fortgeschrittene Mensch erwachte und sah, daß er der Erde Lebenskräfte entzog, indem er Ackerbau und Viehzucht betrieb, und er fühlte, daß er ihr diese Lebenskräfte wiederzugeben hat. Er mußte sie aus dem Kosmos hereinholen. Mysterienleiter und Mysterienpriester wußten, wie das zu geschehen hat. Dann der Mensch, der dazu übergeht, in einer dritten Phase mit der Materie selber, mit den Kräften, die die Materie hat, zu arbeiten. Bis er schließlich in der vierten Phase in den Stoff selber, in die Materie selber einbricht.

Hier aber, verehrte Anwesende, entstehen technologische Prozesse, die überhaupt nicht mehr mit dem Menschen verbunden sind; die der Mensch nur noch durch seine von ihm selber abgelöste mathematisierte Intelligenz mathematisch fassen kann. Die Regeln und Ordnungen und Gesetzmäßigkeiten der Wechselwirkungen dieser Kräfte kennt der Mensch größtenteils; aber auf das, was diese Kräfte tun, indem man sie weckt, indem man in den Stoff, in die Materie eingreifen will, darauf hat der Mensch keinen Einfluß. In dem Moment, wo wir bei der Kernenergie angekommen sind, haben wir einen technologischen Schritt vollzogen, der so vorher in keiner Weise dagewesen ist. Wir haben Maschinen gebaut – denn ein Atommeiler ist eine Maschine –, in denen wir zwar Prozesse anregen können, in denen wir auch bis zu einem gewissen Grade Prozesse bewachen, überwachen können, aber das Fortwirken dieser Prozesse, das Ergebnis dieser Prozesse löst sich vollständig von uns frei.

Es ist in dem Oktoberheft der anthroposophischen Zeitschrift »Die Drei«* in diesen Tagen ein Aufsatz erschienen von Gisela von Kügelgen, der in knapper Weise die eigentliche Problematik darstellt. Sie überschreibt den Aufsatz: »Das offene Ende undurchschauter Technik«. Das offene Ende! Was heißt das? Es bezieht sich darauf, daß mit der Entstehung des künstlichen radioaktiven Zerfalls Stoffe geschaffen werden, die in der Natur nicht vorkommen. Der natürliche radioaktive Zerfall ist homöopathisch über die Erde so verteilt, daß er merkwürdigerweise Heilkräfte hat. Radioaktive Quellen haben Heilkräfte für Pflanze, Tier und

* Stuttgart 1979

Mensch. In dem Moment aber, in dem diese Prozesse beschleunigt werden, indem man sie künstlich in die Hand nimmt und ihnen eine Steigerung zukommen läßt, wie das in den Reaktoren geschieht, entstehen Stoffe, die sich aus dem Naturprozeß lösen, aber zugleich der Natur, der Erde hinzugefügt werden, die sogenannten Transurane, insbesondere das Plutonium. Und diese Stoffe sind auf der einen Seite die eminentesten Gifte, die man sich vorstellen kann. Minimale Teilchen davon haben enorme toxische Wirkung auf alles Lebendige. Und sie sind auf der anderen Seite Träger von Strahlungen, die total eigensinnig verlaufen, auf die man überhaupt keinen Einfluß nehmen kann. Denn selbst wenn man hergeht, das machen amerikanische Forscher zur Zeit versuchsweise, das Plutonium noch weiter zu verbrennen, dann bekommt man Transplutone, z. B. das Ameritium, das Kyrium, die eine noch längere Halbwertzeit als das Plutonium selber haben und noch giftiger sind. Der Mensch hat hier in die Erde einen Prozeß eingeleitet, der tatsächlich unter allen Umständen aus Naturgesetzmäßigkeiten heraus ein offenes Ende hat. Und man sieht ja heute, wie gar nicht nur die Frage, ob man die Atomöfen bauen soll oder nicht, im Mittelpunkt steht, sondern die Frage, wie man sich des sogenannten Abfalls entledigt. Das ist jedoch gar kein Abfall, sondern ein Blütenprodukt von dem, was in den Öfen passiert. Das ist kein Abfall, sondern eine Steigerung, eine Fortführung der Kernprozesse über sich hinaus. Man kann es natürlich Abfall nennen. Wir stehen heute vor einer Technologie, die offene Enden hat, das heißt die letzten Phasen dieser Technologie sind nicht mehr beherrschbar, in keiner Weise. Darüber muß man sich klar werden.

Wir haben bei der Herstellung synthetischer Produkte Stoffe entwickelt, die in der Natur nicht mehr verdaut werden können. Wir haben andererseits in den radioaktiven Stoffen Substanzen vor uns, die die Natur nicht mehr beherrschen kann. Die einen haben ein Eigenleben, indem sie unzerstörbar sind, die anderen, indem sie zerstören.
Machen wir uns das ganz bewußt. Und erinnern wir uns zugleich daran zurück, wie die Menschheit in den alten Kulturen niemals eingleisig gefahren ist, sondern zu dem, was sie von der Erde nahm, aus dem Geistigen etwas hinzugefügt hat, eine Gegengabe. Sie vermochte das, weil sie mit den übersinnlichen Welten verbunden war. Schon die Sammler und Jäger haben sich so verhalten. Es gab und gibt vereinzelt noch heute Jägerkulte, zum Beispiel bei den asiatischen, sibirischen Völkerschaften, aber auch bei bestimmten Negerstämmen, bei denen man vor der Jagd mit der Tierseele Zwiesprache führt und sie um Erlaubnis und Vergebung bittet. Sind diese Menschen denn verrückt?
Und als die Menschheit bäuerliche Kulturen und daraus Hochkulturen entwickelte, setzten die Eingeweihten, die noch das Bewußtsein von der geistigen Welt hatten, Kultus ein, um der Erde verwandelte Substanz wiederzugeben. In dem Maße aber, wie die Menschheit sich der Sinnenwelt zuwendete, vor allem aber, wie die menschliche Intelligenz die Erde ergriff und begriff, hörte die Verbindung mit der geistigen Welt auf, hörte auch das Bedürfnis auf, zur Technologie Religion, das heißt Kultus hinzuzufügen.
Ich habe diesen langen Atemzug tun müssen, verehrte Anwesende, um zu zeigen, wo eigentlich heute die Frage steht, die mit der atomaren Entwicklung zusammenhängt, die nicht mehr die Frage ist, ob Atom oder nicht, sondern die-

jenige: Was können wir in einer Gesellschaft tun, die ganz auf das Materielle und Intellektuelle eingerichtet und ausgerichtet ist und nur in diesem materiellen, intellektuellen, mathematischen Bereich funktioniert? Die Menschheit braucht heutzutage dieselbe Ergänzung, die ihren irdischen Tätigkeiten immer zugeordnet waren, die aber der Moderne verlorengegangen sind. Sie braucht das schauende Bewußtsein. Und sehen Sie, verehrte Anwesende, die Erweiterung des Bewußtseins der abendländischen, europäischen, amerikanischen Menschheit – merkwürdigerweise folgen hier ja jetzt die Asiaten und Afrikaner – ist ja geschehen. Gleichzeitig mit der Entdeckung der Tiefenpsychologie, der Atomphysik, der Weltraumforschung, der ganzen modernen Technik und Technologie ist auch eine andere Entwicklung eingetreten. Es ist aus dem naturwissenschaftlichen Bewußtsein, aus diesem vollständig intellektuell und sinnenfällig gewordenen Verhältnis des Menschen zur Erdenwelt ein neues schauendes Bewußtsein aufgegangen. So wie die Tatsache der modernen Atomphysik und der damit zusammenhängenden Technologie auf der einen Seite mit dem Beginn dieses Jahrhunderts gegeben ist, genauso steht auch die andere Tatsache da, das schauende Bewußtsein – das aus dem modernen intellektuellen Bewußtsein aufsteigende, neue schauende Bewußtsein, in dem die Gedankenkräfte des Menschen umgewandelt werden in die Fähigkeit der Imagination, in dem die Kräfte des Fühlens des Menschen umgewandelt werden in die Fähigkeit der Inspiration, in dem die Willenskräfte der Menschennatur umgewandelt werden in die Fähigkeit der Intuition. Das aber heißt wiederum: ein Leben mit der geistigen Welt.

Die entscheidende Durchblicke sind immer bei *einem* Menschen erfolgt. Und erst aus dem Zusammenwirken dieses einen, mit dem der Fortschritt geschieht, mit anderen entsteht die Kultur. Nun, Sie wissen ja wohl alle, daß ich von der anthroposophischen Geisteswissenschaft Rudolf Steiners spreche. Und ich sage es noch einmal: Genauso real wie die Atomphysik steht die Anthroposophie da. Man kann das nicht wegdiskutieren; es sei denn, man wäre nicht dazu bereit, sich auf das notwendige Ergänzende einzulassen, was die moderne Entwicklung braucht, wonach sie eigentlich schreit. Denn bloß aus den Voraussetzungen, die die Naturwissenschaft liefert und in denen die moderne Technologie sich bewegt, kann man weder die Anthroposophie beurteilen, noch zu einer hilfreichen Weiterentwicklung gelangen. Die wahre Alternative zu der Auseinandersetzung mit den untersinnlichen Kräften von Elektrizität, Magnetismus, Kern- und Schwerkraft ist die Beschäftigung mit den ätherischen Lebenskräften des Kosmos.

Wir gehen heute, wenn auch in kleinen Kreisen und durch das Studium der Wissenschaft von den Lebenskräften des Kosmos, der Erde, des Menschen mit den ätherischen Kräften um. Wir haben diese Wissenschaft. Sie ist in Entwicklung begriffen. Es stehen ihr keine Milliardenbeträge zur Verfügung. Aber es steht ihr zur Verfügung die Kraft eines neuorientierten menschlichen Bewußtseins. Wir kennen heute eine Strömungswissenschaft*, die die Strömungsvorgänge von Luft und Wasser so behandeln kann, daß darin das Hereinwirken der übersinnlichen Lebenskräfte wirksam, sichtbar, wissenschaftlich erforschbar

* Zum Beispiel in dem Werk von Theodor Schwenk, Das sensible Chaos, Stuttgart 1984[6]

zu machen ist. Wir kennen heute eine Schwingungslehre, eine Wissenschaft von Vibrationen, in der bereits zukünftige Möglichkeiten aufleuchten. Und wir haben aus diesen Äther-, Strömungs- und Schwingungsforschungen heraus schon eine – z. B. eine neue landwirtschaftliche – Praxis, die darin besteht, daß durch bestimmte technologische Manipulationen Stoffe aus den Naturreichen heraus empfänglich gemacht werden für jene kosmischen Lebenskräfte, die der Mensch mit jeder Ernte der Erde wegnimmt. Er kann sie durch eine entsprechende biologisch-dynamische Landwirtschaft der Erde wiedergeben und so den Anschluß an die Lebenskräfte des Kosmos wieder herstellen. Und wir haben eine Praxis bezüglich der Herstellung von Medikamenten, Heilmitteln, Kosmetikmitteln usw., in denen wiederum etwas von diesen kosmischen Kräften sichtbar und wirksam wird. Es ist mit alledem der Anfang gemacht. Wenn wir diesen Anfang ins Auge fassen, beginnen wir den Unterschied zu begreifen zwischen einem Abbau der Erde, der notwendig ist, und einer Zerstörung der Erde, die nicht notwendig ist. Die Erde ist in der Tat in ihrer ganzen kosmischen Evolution über einen bestimmten Schwerpunkt hinweggeschritten. Das wird deutlich in vielen Absterbeprozessen, die aus der Erde selber stammen. Geologie, Matereologie, Vulkanologie zeigen, daß das Erdwesen durchzogen ist von Vorgängen, die bereits etwas Absterbendes mit sich bringen. Der Mensch ist aufgefordert, die Wiederbelebung in diese absterbende Erde einzuführen, indem er wissenschaftlich zu erforschen lernt, was aus der geistigen Forschung der Anthroposophie hervorgeht: die Lebenskräfte und die Seelenkräfte des Kosmos einzuführen in das ersterbende Erdensein. – Es gibt noch eine weitere

Möglichkeit der Einwirkung zur Heilung der Lebenskräfte des Erdorganismus durch den Menschen. Ein schauendes Bewußtsein, wie es die Anthroposophie entwickelt, sieht in der weiteren Zukunft der Menschheit ganz neue »Technologien«, durch die der Mensch in die Welt der Lebenskräfte in der Zukunft wird einwirken können. Er wird durch eine zukünftige Entwicklung in die Lage kommen, auf bestimmte Schwingungen in den Lebenskräften seines eigenen Leibes aufmerksam zu werden, das Zusammenspiel dieser Lebensströmungen in seinem eigenen Leib zu beobachten, dann allmählich vom eigenen Willen aus diese Kräfte innerhalb des Leibes bewußt zu dirigieren und zu beherrschen. Dann wird eine weitere Entwicklung dadurch entstehen, daß der Mensch diese Kräfte wird ausströmen lassen in die Lebenskräfte der Erde bis in bestimmte chemische Prozesse hinein, sogar bis in mechanische Prozesse. Es gibt also eine Zukunftsmöglichkeit, die aus den vorhin erwähnten Forschungen der Ätherwissenschaft, der Strömungswissenschaft und der Schwingungswissenschaft allmählich an den Menschen so herantreten, daß er in sich entdecken wird eine ganz neue Kräftequelle. Dann ist er nicht mehr darauf angewiesen, Leben von der Erde zu nehmen, sondern durch eigene Erkraftung der menschlichen Lebenskräfte, durch ein Aufmerksamwerden auf die feineren Lebensströmungen in Mensch und Welt in natürliche Prozesse Lebenskräfte einzugliedern. Aus der geistigen Überschau hat schon im Jahre 1916 Rudolf Steiner diese Zukunftsmöglichkeiten beschrieben. Er sagte in einem Vortrag von 1916 einmal das Folgende: »Und nun steht die Menschheit davor, ganz bestimmte Dinge lösen zu müssen, vor allen Dingen etwas, worauf ich schon aufmerksam gemacht habe, und was zusammenhängt mit der bewundernswerten modernen Technik, die ein Ergebnis ist der bewundernswerten Naturwissenschaft. Diese bewunderte moderne Technik gelangt in verhältnismäßig kurzer Zeit an ein Ende, wo sie sich in gewisser Weise selber aufzuheben beginnt! Der klassische Satz. Denn wenn man hinschaut auf diese Technik und Technologie, dann sieht man ja, daß das Ende offen ist, d. h. sich die Technik selbst aufhebt. Man merkt, man kann sie nicht so fortführen, es sei denn um den Preis wahnsinniger Folgen. Diese bewunderte Technik gelangt in verhältnismäßig nicht so ferner Zeit an ein Ende, wo sie sich in gewisser Weise selber aufheben wird. Dagegen wird etwas eintreten, was dahin gehen wird, daß der Mensch die Möglichkeit erlangen wird von jenen feinen Vibrationen, feinen Schwingungen, die in seinem Ätherleibe sind, Gebrauch zu machen für die Impulsierung von Maschinen, von Mechanismen. Maschinen wird man haben, die an den Menschen gebunden sein werden. Aber der Mensch wird seine eigenen Vibrationen auf die Maschinen übertragen, und er wird imstande sein, unter dem Einfluß gewisser von ihm erregter Schwingungen gewisse Maschinen in Bewegung zu setzen. Die Leute, die sich heute als Praktiker betrachten, werden sich in gar nicht so ferner Zeit einer vollständigen Umänderung dessen gegenüber sehen, was man Praxis nennt, wenn der Mensch mit seinem schaffenden Willen eingeschaltet wird in das ›objektive‹, – ich füge jetzt das Wort schwingende hinzu, schwingende – ›Fühlen der Welt.‹« *

* Vorlesung aus einem Vortrag Rudolf Steiners von 1916 ohne nähere Stellenangabe.

Eingeschaltet in das objektive, schwingende Fühlen der Welt! Natürlich ist das heute noch Zukunftsmusik, aber die Voraussetzungen dafür beginnen wir zu erarbeiten.
Dann aber, verehrte Anwesende, beginnt die Zerstörung der Welt überzugehen in eine Verwandlung der Erde. Durch wen? Durch den Menschen. Der Mensch wird nicht mehr so arbeiten, daß die Maschine mehr und mehr außerhalb seiner ist, ihre eigenen Gesetzmäßigkeiten hat, nach denen sie funktioniert, und er sich daraus zurückzieht, nur noch der Überwacher von Vorgängen ist, sondern der Mensch wird an sein eigenes Leben, seine innere Lebenskraft mechanische Vorgänge heranziehen, mit denen er dann selber Kräfte, Energien sichtbar und wirksam wird machen können, die nicht mehr Energien des materiell Untersinnlichen sind, sondern die Energien der Lebenskräfte des Kosmos, die *durch den Menschen hindurch* wirken werden. Ja, das ist Zukunftsmusik. Aber die Voraussetzungen, die solche Vorgänge zunächst denkbar und mit der Zeit auch praktikabel machen werden, sind gegeben. Sie sind genau so wirklich wie auf der anderen Seite diese großartige, an ein Ende gekommene Entwicklung der modernen Technologie.
Und sehen Sie, damit kommen wir zu der letzten Frage: Was fehlt eigentlich? Es fehlt, was notwendiger Weise von der modernen Technologie innerlich gefordert wird: der Anschluß des Menschen selber an jene Kraftquellen in der Welt, die zunächst im Inneren des Menschen auftreten, dann aus der Erkraftung des menschlichen Inneren übergehen in das Denken, Fühlen und Wollen, übergehen schließlich in seine Lebenskräfte und dann herausstrahlen auf die Erde, so daß die Erde nicht zerstört, sondern verwandelt werden kann.

Wir haben also zwei ganz verschiedene Technologien vor uns, die eine besteht darin, daß sie Prozesse der Zerstörung hervorbringt. Sie ist voll entwickelt, steht aber gleichzeitig als ein drohendes Menetekel vor der Menschheit. Man fragt nach der Alternative, sagt, wir brauchen doch Energie, wir können nicht auf die Atommeiler verzichten. Man versucht Alternativen zu finden aus noch letzten Endes konventionellen Energiequellen, also aus der Sonnenwärme, dem Sonnenlicht, aus Wasser und Wind. Das kann vielleicht bis zu einem gewissen Grade die Zeit zu überbrücken helfen, in der noch nichts anderes möglich ist. Aber wenn mit derselben Intensität die geistige Forschung weitergetrieben wird, wenn die Kenntnis um das Ergreifen der ätherischen Kräfte weitergetrieben wird, dann wird man die wahre Alternative ins Auge fassen können und eine zukünftige Technologie entwickeln.

Voraussetzung dafür aber, verehrte Anwesende – und damit erlaube ich mir zu dem letzten Punkt zu kommen –, Voraussetzung dafür ist, daß wir Menschen innerlich den Anschluß bekommen an Kräfte, die für uns bereitstehen. Welche sind das? Sehen Sie, das sind eben diejenigen Kräfte, die mit der Religion verbunden sind. Aber nicht mit einer Art von Religionsauffassung, die nur dazu dient, sich aus den Schwierigkeiten und Krankheiten seiner irdischen Existenz erlöst zu fühlen. Das ist nicht gemeint. – Von einem bestimmten Zeitpunkt an ist ein kosmisches Wesen auf die Erde heruntergestiegen. Dieses kosmische Wesen verfügt über einen Strom von göttlichen Kräften. Die Menschheit hat diese göttlichen Kräfte bisher hauptsächlich dazu verwandt, selber an ihnen zu genesen, sich zu erheben, zu befreien, zu erfüllen. Aber in dem, was durch das Christuswesen zur Erde gekommen ist, liegt noch etwas ganz anderes. Das Christentum hat als Religion begonnen, als die Religion der Erlösung des menschlichen Sündenelends. Es ist aber viel mehr, man muß sogar sagen etwas ganz anderes als nur Religion. Denn in diesem göttlichen Wesen, das von der Sonne zur Erde gekommen ist, lebt ein Kraftquell, den die Menschheit erst entdecken wird, *wenn der einzelne sich dazu erheben wird, mit diesem göttlichen Wesen sich persönlich zu verbinden und Ströme von Gesundheit, Ströme von Leben aus diesem göttlichen Kraftquell durch sich hindurch zu seinen Mitmenschen, schließlich zur Erde hin fließen zu lassen.* Auch hier muß man wieder sagen, die allerersten keimhaften Anfänge dazu treten in den Seelen der Menschen zutage. Die Menschen suchen nicht mehr ein Christentum des Heils für sich selber; sie suchen jetzt ein Christentum, das die Erde retten kann. Dieses Christentum ist noch nicht erfüllt, noch nicht entwickelt, aber im Keim webt es bereits in dem Gotteswesen des Christus, der zur Erde gekommen ist. Besonders die Seelen jugendlicher Menschen fragen: Wo ist der Lebenskraftquell in der Erde selber, für die Erde selber, für die Menschheit, daß die Erde sich verwandeln kann in eine Zukunft hinein, die ihr zusteht?

Sehen Sie, da haben wir die eigentliche, christliche Entsprechung zu jener Kraft, die zerstört, bedroht und giftig ist. Ich weiß nicht, ob man wird verhindern können, daß Atommeiler gebaut werden. Man hat es schon bisher nicht verhindern können. Man wird vielleicht kämpfen, das zu verhindern, aber der Kampf hat nur dann Sinn, wenn man die Alternativen ins Auge faßt. Und vielleicht wird es wirklich eine bittere Übergangszeit geben müssen. Das heißt aber niemals, daß man sich damit abfinden kann, sondern das heißt nur, daß wir die entsprechenden alternativen wahren Lebenstechniken ausbilden, den Anschluß suchen müssen an die Quelle aller Energien, an die Quelle aller Kraft, allen Lichtes, an den Christus, der die Erde erfüllen und verwandeln kann. – Ich will versuchen, morgen abend von diesem Kraftquell noch etwas weiter zu sprechen.

II. Michael und die Fortentwicklung des Christentums

Sehr verehrte, liebe Anwesende!

Was ist Christentum? Ich glaube, wenn jeder von uns, die wir hier jetzt versammelt sind, sich selber diese Frage vorlegt, so wird er sehen, daß sie gar nicht so leicht zu beantworten ist. Man könnte ja zunächst sagen, Christentum bestehe aus christlichen Kirchen, aus Gemeinschaften, auch aus Sekten, die sich Gemeinschaften von Christen nennen und ein ganz bestimmtes Leben pflegen wollen. Man könnte des weiteren sagen, Christentum sei eine Lehre. Die Kirchen legen ein fundamentales Gewicht darauf, die Lehre zu verkündigen, zu hüten, zu pflegen. Christentum als Kirche, Christentum als Lehre. Es ist auch eine Religion. Wobei man wiederum denken kann, das religiöse Leben des Menschen gehöre zum geistigen Leben, ähnlich wie die Wissenschaft oder die Kunst. Christen*tum*! Was bedeutet diese Endung »tum«? Königstum oder Reichtum, aber auch Siechtum, merkwürdigerweise heißt es nicht Armtum, sondern Armut, doch es heißt auch Wachstum. Was meint die Sprache, wenn sie diese Silbe hinzufügt? Sie meint wohl einen Bereich, zu dem Wesen dazugehören, zu dem auch Ausbreitung, vielleicht auch gewisse Kräfte dazugehören. Christentum. Aber man sieht auch, daß dieser Bereich einen Mittelpunkt hat. Alles, was Christentum auf der Erde ist, schaut hin, blickt hin auf die Zentralgestalt des Christentums. Und diese Zentralgestalt des Christentums, Jesus Christus, ist der eigentliche Kraft-Mittelpunkt, von dem das Christentum fortwährend ausgeht. Ausgeht, seit es einmal von dieser Gestalt ausgegangen ist vor zweitausend Jahren. Und wenn auch dieses Christentum sich äußerlich verschieden entfaltet hat im Laufe der Jahrhunderte, der Jahrtausende, so ist doch Jesus Christus die zentrale Gestalt dieses Reiches, dieses Bereiches.

Wenn man nun auf diese zentrale Gestalt hinschaut – ich glaube nicht, daß man vom Christentum sprechen kann, ohne das zu tun –, dann erscheint etwas sehr Merkwürdiges: Da geht ein Mensch, ein verhältnismäßig junger Mensch, über die Erde in Palästina und spricht über sich selbst. Er spricht über sich selber zum Beispiel das Wort: »Ich bin das Brot des Lebens.« Was bedeutet es, daß ein Wesen auftritt, das einen solchen Satz über sich selber aussagen kann. Eine solche umfassende, durchgreifende Aussage: das Brot des Lebens, nicht ein Brot, sondern *das* Brot. Das heißt also, dieses Wesen muß von sich selber eine innere Erfahrung, ein vertieftes Selbstbewußtsein haben, die es aussprechen lassen: mein Ich ist etwas, das alles Leben ernähren kann. – Verehrte liebe Anwesende, versuchen wir uns doch für einen Moment in solch eine Lebenslage hineinzuversetzen: ich erlebe mich so, daß ich alles Leben ernähren kann. – Diesem Satz steht ein zweiter zur Seite: »Ich bin das Licht der Welt.« Wiederum ein solcher Satz von eigenartigem Anspruch. Wiederum ein Ich, das sich selber so empfindet, daß es von sich sagt: Mein Bewußtsein, mein inneres Licht, mein inneres geistiges Sein beleuchtet und durchleuchtet alles, was es im Weltall gibt, von den Sternen bis zu den Steinen. – Was ist das für ein Wesen, das so etwas sagt? Was ist das für ein Bewußtsein, das sich selber so beleuchtet? Man könnte natürlich diese Sätze nach allen möglichen Richtungen befragen – oder aber sich zunächst auf sie einlassen und nach ihrem Wahrheits- und Wirklichkeitsgehalt tasten. Und dann erlebt man göttliche Kraft, göttliches Bewußtsein. Dann der dritte Satz im Johannesevangelium: Ich bin der gute Hirte und ich kenne alle, die zu mir gehören, und ich habe ein persönliches Verhältnis zu jedem einzelnen. – Ich bitte, man überlege einmal einen Atemzug lang: Milliarden und Abermilliarden Menschen! Was für ein Bewußtsein ist das, das den Anspruch ausspricht, jeden einzelnen Menschen zu kennen. Der Atem reicht einem nicht aus, wenn man versucht, sich in ein solches Wesen hineinzuversetzen, in ein Bewußtsein, das solche Sätze spricht von sich selbst. Oder der nächste Satz: Es gibt keine echte Begegnung zwischen Menschen, bei der nicht etwas von mir dazwischen webt. Und wenn kein Anteil von mir dazwischen webt, ist es keine echte Begegnung von Menschen, denn Ich bin die Türe. – Wiederum ein durchgreifender Anspruch von einer Souveränität, von einer Größe, die wahrhaftig alles Menschliche weit überschreitet. Aber nicht genug damit, die Reihe dieser Selbstzeugnisse setzt sich fort. Ein Toter liegt im Grabe, eine weinende Frau kommt auf Christus zu, und er sagt ihr: Weine nicht, Ich bin die Auferstehung und das Leben. – Ein weiteres Wort, das besagt, was in mir ist und an Wirklichkeit, an Kraft sonnenhaft herausleuchtet, das hat die Fähigkeit einzugreifen in die Sphäre des Todes und Menschen aus dem Tode aufzuerwecken zur Auferstehung, und damit nicht nur das Leben hervorzubringen, das ernährt werden kann durch das Brot des Lebens, sondern ein neues auferwecktes, aus dem Tode aufgebrochenes Leben. – Als die Jünger an jenem Gründonnerstagabend anfangen zu rätseln und zu fragen, spricht er den vorletzten dieser sieben Sätze: Mein Ich, mein Wesen ist ein Weg. – Aber nicht *ein* Weg, sondern der Weg. Das heißt wiederum, es ist der Weg, den jedes Ich geht. Denn es ist nicht nur der Weg, es ist die Wahrheit. Nicht ist verborgen, alles kommt in Erscheinung, in die Wahrheitswirklichkeit, was auf irgendwelchen Wegen vor sich geht. Und daraus noch einmal Leben; der Weg, die Wahrheit, das Leben. Schließlich das letzte Wort: Das Ich, das in mir kraftet, nährt, leuchtet, auferweckt, verbindet, ist ein Weinstock, ein Kraftgebilde, durch das Lebensblut strömt. Und jeder von euch ist an diesem Weinstock die Rebe, die daraus wächst und immerfort wächst.

Verehrte liebe Anwesende, das ist das Selbstzeugnis des Christus. Dieses Selbstzeugnis des Wesens, das vor zweitausend Jahren in Menschengestalt erschienen ist, wirkt. Man kann sich die Frage stellen: Wie haben die Menschen das gehört, denen diese Worte entgegengerufen worden sind: »Ich bin das Licht der Welt.«

Aber die eigenartige Zusammenfassung dieser siebenfältigen Leuchtewesenheit führte auch zu einer anderen Frage, die nun an dieses Wesen fortwährend gestellt wird von der menschlichen Umgebung: Wer bist du denn eigentlich? – Der erste, der auf Ihn hinweist, ist Johannes der Täufer. Er sagt: Da ist ein Wesen, das man anschauen muß. Immer wieder haben die christlichen Maler den Täufer mit dem ausgestreckten Zeigefinger dargestellt. In dem kleinen Kreis von Menschen, die um Jesus Christus herum leben, ringt Petrus fortwährend um eine Antwort: Wer ist dieser Ich bin? – Bis er schließlich, nachdem er durch schwere innere Erschütterungen gegangen ist, mit einemmal das Wort ausspricht: Du bist nicht nur das Licht der Welt, der Weg, die Wahrheit und das Leben, du bist »ὁ υἱὸς τοῦ

θεοῦ, der Sohn Gottes«. Das höchste göttliche Wesen hat einen Sohn; dieser Sohn erscheint. Andere treten an ihn heran, Kaiphas, der Hohe Priester, der tatsächlich – um ein Zeugnis herbeizuführen – das eigene Gewand zerreißt und die Bekenntnisfrage stellt: Bist du der Messias, bist du der Sohn Gottes oder nicht? – Er bekommt die merkwürdige Antwort: Wenn du es nicht selber sagst, nützt es dir gar nichts. *Du* mußt es sagen! Als Jesus Christus gefangengenommen und vor Pilatus geführt wird, stellt auch Pilatus die Frage: Bist du nun ein König? Da trifft ihn dieselbe Antwort: *Du* mußt es sagen. Aus dir heraus muß ein inneres Erleben, eine innere Erfahrung aufbrechen, die dir selber darüber Gewißheit gibt, wer ich bin. Aber ich will dir gleich sagen: mein Reich ist nicht von dieser Welt.
Hier ist der Sohn, der König, das Reich, hier, verehrte liebe Anwesende, ist das Christentum. Immer wieder haben Menschen im Laufe der Jahrtausende, der Jahrhunderte und Jahrhunderte, an diesem Mysterium ihre Seelen in Bewegung gesetzt. Wie war es denn, als das Christentum nun ausstrahlte von diesem eigenartigen Wesen, von diesem Ich-Bin-Wesen, von diesem Wesen, das sagt: Ich weiß, woher, ich komme, ich weiß, wohin ich gehe. Ich tue nichts, was ich nicht meinen Vater tun sehe. – Wie war es, als dieses Wesen durch ein irdisches Menschenschicksal hindurch in den ersten Jahren in einer besonderen Weise mit den Aposteln, den Jüngern so mitging? Man kann sich nicht real genug vorstellen, wie es war, wenn ein Mensch wie Petrus, dieser wirklich handfeste Mensch Petrus, irgendwo in einen kleinen Kreis von Menschen eintrat und ihnen sagte: »Marán athá«. Mit dieser Formel eröffneten die Apostel in der aramäischen Sprache ihr Zusammensein,

und daran erlebten die in kleinem Kreis versammelten Menschen: Petrus ist nicht allein. Jenes merkwürdige Wesen ist mit ihm, äußerlich nicht sichtbar, aber spürbar als eine höhere Realität um ihn. So war das bei den Jüngern allen. Wo sie hingingen, wo sie Menschen trafen, mit ihnen sprachen – es war für die Zuhörer immer das eigenartige Erlebnis damit verbunden: Er ist dabei, Er ist da. Wir können uns diese unglaublichen Zustände des allerersten Christentums heute überhaupt nicht vorstellen; wie intim, wie nahe diese höhere Wirklichkeit war, so daß die Menschen sie spüren konnten. Die Jünger brauchten gar nicht die Leute zu überzeugen von irgend etwas, sondern sie brauchten nur das, was die Menschen spürten, auszusprechen, und Christentum lebte zwischen ihnen.

Zunächst war das Christentum eingebettet in das Judentum. Die Jünger, fast alle Juden, Israeliten, lebten in dem religiösen Stimmungsfeld des damaligen Judentums. Dann trat plötzlich ein Mensch unter das Volk, der nicht zu jenen gehörte, die der Auferstandene begleitete, wenn sie unter die Menschen kamen, sondern er war einer, dem Christus begegnet war. Er hatte sich auf der Reise von Jerusalem nach Damaskus befunden. Mit einemmal war Christus gegenwärtig. Er begegnete ihm in einem übersinnlichen Bereich. Und Paulus mußte sich sagen: Das Wesen, das diesem übersinnlichen Bereich jetzt für mich aufleuchtet, das ist ja jener, von dem seine Anhänger behaupten, er sei der Messias, der Sohn Gottes. Ich schaue an ihm die Spuren seines irdischen Wandels, die feinen leuchtenden Spuren seiner Kreuzigung und seiner Auferstehung. Das ist ja Er! Es hat etwas Herzbewegendes zu sehen, wie nun zwischen den Jüngern und Paulus sozusagen der erste Kirchenstreit entstand. Paulus nämlich sagte konsequent: Es ist gar keine Rede davon, daß alle Menschen erst Juden werden müssen, um das Christus-Wesen zu finden. Er kommt unmittelbar zu den Menschen, also auch zu allen Völkern. – Das Christentum entwickelt sich fort, indem sich das geheimnisvolle göttliche Wesen nicht nur an jene anschließt, mit denen er auf Erden gelebt hat, sondern jetzt ganz frei und rein aus der geistigen Welt einem Menschen wie Paulus begegnet, und noch manchem anderen. Wir schauen im Neuen Testament innerhalb der Apostelgeschichte des Lukas die Fortentwicklung des Christentums. Sie besteht darin, daß dieses geheimnisvolle Wesen selber aus dem Nahebereich, in dem es zunächst aufgetreten ist, anfängt auszubreiten sein Christentum, den Bereich seiner Kraft, den Bereich seiner Wirksamkeit. Wenn man Paulus nachgeht und sieht, wie er zunächst in Kleinasien, dann in Griechenland, schließlich in Rom und wahrscheinlich auch in Spanien, überall im Mittelmeergebiet, das Christentum verbreitet als, wie er selber sagt, der Apostel der Heiden, so erkennt man, daß eine neue andere Phase entsteht, weil das Christus-Wesen selber das Christentum, seinen Bereich der Wirksamkeit, weiterführt.

In den folgenden Jahrzehnten opfert sich im römischen Reich, hinüber nach Persien, hinunter nach Ägypten, hinein in die Mittelmeergebiete ein Strom von Märtyrern. Und immer wieder hören wir, daß bei diesen hingemordeten Menschen, genau wie bei dem ersten Märtyrer, Stephanus, im Moment des Todes die Gegenwart des fortschreitenden Christuswesens spürbar wird. Wir finden das Urphänomen dieser Märtyrerschicksale in der Apostelgeschichte bei Stephanus, der vor Paulus hingemordet wird, indem man ihn mit Steinen totschlägt. Im Moment des Todes erscheint ihm dieses eigenartige Wesen, der Ich-Bin. Hundert- und tausendfach hat sich solches Märtyrerschicksal wiederholt, weil aus den Untergründen der damaligen Menschheit ein Abwehren gegen diese neue Erscheinung hochstieg. Man kümmert sich ja heute gar nicht mehr darum, welche Märtyrerschicksale in den ersten zwei, drei Jahrhunderten des Christentums durchlebt worden sind. In dem Blut dieser Menschen, in ihrem Tode strömt das Christentum. Bis schließlich die Wirkung dieses Christentums in dem ganzen damaligen römischen Reich – ich sage noch einmal von Persien über Ägypten bis hinauf nach Frankreich und England war es ja ausgedehnt, ganz Nordafrika gehörte dazu – allmählich von den Katakomben und den Märtyrerschicksalen heraufstieg an die Oberfläche und schließlich von den führenden Gewalten dieses Reiches akzeptiert wurde. Unter Kaiser Konstantin geschah das. – Weiter schreitet die Entwicklung fort, es konsolidieren sich jetzt aus den Gemeinden heraus die Kirchen. Es steigen auf die Jahrhunderte der großen Konzilien, beginnend mit dem Konzil von Nicäa 325, endend mit dem 8. ökumenischen Konzil in Konstantinopel 869. Das sind 500 Jahre, ein halbes Jahrtausend, in dem hauptsächlich versucht wird, dieses Christentum irgendwie zu fassen, mit Hilfe von Gedanken und Vorstellungen, die allmählich Dogmen werden. Die Zeit der Konzilien ist gleichzeitig die der Kirchenväter.

Was geschieht mit dem übersinnlichen, unsichtbaren Christentum, das von dem Christus Jesus selber ausgeht, in dieser Zeit, in der er gewissermaßen in das irdische Bewußtsein der Menschen einzieht und nicht mehr diese unmittelbare Wahrnehmbarkeit seiner Gegenwart vorhanden ist? Mehr und mehr wurde ja das Christentum in Dogmen, Begriffe, Formeln hereingeholt. Schließlich, im Sturm der Völkerwanderung, geht das römische Reich unter. Das Christentum aber schreitet weiter fort, findet neue Bildungen durch die europäischen Völker: Slawen, Germanen, Kelten. Ich möchte nur ein einziges Moment berühren dürfen: Als Karl der Große versuchte, die Sachsen zum Christentum zu bekehren, stand ihm gegenüber Widukind, ein Germanenfürst. Und einmal zu Weihnachten schlich sich Widukind in verkleideter Gestalt in das Lager Karls des Großen und nahm teil an der Weihnachtsmesse. Da dieser Mensch aber noch ein altes Hellsehen hatte, konnte er wahrnehmen, wie unter den Händen des Priesters am Altar die Hostie eine Aura bekam, aus der ihm ein leuchtendes kindliches Antlitz entgegenschimmerte. Wittekind, das weiße Kind! Widukind wurde nicht dadurch an das Christentum angeschlossen, daß er von außen her gedanklich überzeugt wurde, sondern er hat wahrgenommen, daß dieses Wesen, das von sich sagt: Ich bin das Licht der Welt, das Brot des Lebens –, anwesend ist in der Messe am Altar. Das Christus-Wesen selber leuchtet durch den Kultus, aber auch durch die Mönchsorden – man denke nur an solche Gestalten wie den heiligen Benedikt von Nursia oder den heiligen Franziskus von Assisi –, es leuchtet in den Seelen dieser Menschen die Anwesenheit Christi ganz von innen her auf. Und auch dies erfährt noch eine Steigerung in den großartigen Gestalten der mittelalterlichen Mystiker, bei Meister Eckart, bei Tauler bis hin zu Jakob Böhme, zu Angelus Silesius: die Durchdringung der Menschenseelen aus dem eigenen Inneren heraus mit etwas, das Gegenwart *ist*.

Man kann sagen, das Christentum, dessen Träger dieses göttliche Wesen ist, geht in die Seelen und Willenstiefen der Menschen über. Aber es wird fortwährend wie überdeckt von dem, was nun äußerlich organisiert wird als die Kirchen und organisiert werden muß. Man vergesse nicht, welche Spannungen zwischen den Mönchsorden, den Dominikanern, Franziskanern und Benediktinern auf der einen Seite, und dem Klerus, bis hinauf zu den höchsten Ämtern ausgelebt worden sind. Es entsteht der Eindruck, daß das Christentum innerhalb dieses Stadiums an eine Grenze angekommen ist. Und ich kann es nicht anders ausdrücken: Wie vom Himmel herunter fallen die Reformatoren, die einen ganz anderen Griff haben, ob sie nun Wiclif und Hus, ob sie Luther und Calvin und Zwingli heißen. Das Menschenwesen beginnt allmählich das moderne Zeitalter zu erreichen, und es stellt sich nicht mehr so sehr die Frage nach der Seele, sondern nach dem Ich. Große Verkünder des Christentums bringt die Renaissance hervor, einen Raffael, einen Michelangelo.
Das moderne Zeitalter kommt unerbittlich und mit ihm der moderne Mensch. -- Der moderne Mensch, der – weil sein Ich so weit selbständig, seine Intelligenz so weit frei geworden ist, nun tatsächlich das Zeitalter der Freiheit beginnt. Das Zeitalter der geistigen Freiheit. Das bedeutet, daß der denkende Mensch frei denken kann, was er will; daß der fühlende Mensch sein Gefühl frei anlehnen und hingeben kann, wem er will, und entziehen kann, wem er will; daß der Mensch, indem er sein individuelles Schicksal ergreift, versuchen kann ins Leben hinein zu verwirklichen, was er will, und dabei das Schicksal zu akzeptieren oder nicht, wie er will. Indem der Mensch der Neuzeit eintritt in

diese Phase der Freiheit, entsteht wie von selber auch das Bedürfnis nach der eigenen Erfahrung geistiger Wirklichkeit. Man kann sich nicht mehr recht anlehnen an die geistigen Wirklichkeiten, die verwaltet werden aus der guten alten christlichen Tradition, man will selber die Wirklichkeit finden, die man sucht. Man fragt nach der Wirklichkeit der Natur. Es entsteht die Naturwissenschaft. Man fragt nach der Wirklichkeit des Menschen: Wer ist der Mensch, und wo kommt er her? Und man fragt nach der Wirklichkeit einer geistigen, göttlichen Welt, selbst mit dem Risiko, daß man sagen muß, es gibt sie gar nicht, und auch diesen Atheismus, diese Ablehnung einer geistigen Welt aus der Freiheit des eigenen Wesens heraus vollzieht.
Wie mag es wohl um den inneren Fortschritt des Christentums stehen – ich sage es noch etwas direkter –, wie mag es wohl diesem göttlichen Christus-Wesen zumute sein, wenn Er auf die modernen Menschen hinschaut? Denn es ist nicht etwa so, daß nicht mehr gilt, was damals von ihm selber ausgesprochen wurde. Er ist nach wie vor der Gute Hirte, der alle kennt. Er ist nach wie vor das Licht der Welt, das ein umfassendes Bewußtsein hat. Nun stehen ihm gegenüber Menschen, die tatsächlich frei geworden sind. – Man denke nur zum Beispiel an diesen Satz in Schillers »Don Carlos«: »Geben Sie Gedankenfreiheit, Sire!«
Gedankenfreiheit, Gefühlsfreiheit, Willensfreiheit! Das Christentum hat sich verwandelt. Der Mensch in seinem Verhältnis zu Christus hat sich verwandelt. Verwandlung, nicht nur dadurch, daß die Menschheit sich weiter entwikkelt, daß der moderne freie Mensch da ist, sondern auch dadurch, daß Er selber neue, auch für ihn neue Kräfte und

Verhältnisse entwickelt, um diesen freien Menschen nicht im Stich lassen zu müssen.
Verehrte Anwesende, wir sind dieser freie Mensch! Und indem wir die drei wesentlichen Fragen stellen: Was ist die Natur? Was ist der Mensch? Was ist die geistig göttliche Welt und damit auch die Gottheit, damit aber auch das Christentum? spüren wir, wie dieses neue Verhältnis ganz ins Offene geht. Lassen wir doch einmal auch rein empfindungsmäßig diese Tatsache in unseren Seelen walten: Alles ist ganz ins Offene gekommen! Nicht etwa so, daß Er nicht da wäre, aber so, daß es ins Offene geht. Das heißt, daß auch unser Verhältnis zu Ihm und Seines zu uns neu auf dem Boden der Freiheit gebildet werden kann.
Wohin geht der Weg der Freiheit? Der Weg der Freiheit geht einmal hinaus in die Welt. Da die moderne Menschheit diesen Freiheitsweg gegangen ist aus dem wissenschaftlichen, aus dem künstlerischen, auch sogar aus dem religiösen Bewußtsein, hat sie tatsächlich die Welt ergriffen. Was aber schwach geworden ist, ist der Weg nach innen. Wie – darf ich das einmal etwas drastisch sagen –, wie jämmerlich ist die Frage geworden: Woher komme ich eigentlich? Wie schwach ist die Frage geworden: Wohin gehe ich? Wie verschüttet ist die Frage geworden: Wer bin ich eigentlich? Ganz zu schweigen von der Frage: Wer ist mein Vater, wer ist meine Mutter, wer ist mein Bruder, wer ist meine Schwester? Wo finde ich eigentlich Gemeinschaft? Da diese Fragen schwach geworden sind, kommt dieser freie, autonome Mensch fortwährend in seiner Existenz an merkwürdige Grenzen. Von diesen Grenzen muß heute gesprochen werden. Denn es sind zunächst Bewußtseinsgrenzen. Ich *weiß* nicht, was vor meiner Geburt war! Ich *weiß* nicht, was

nach meinem Tode sein wird! Weiß ich denn wirklich, was in den Tiefen meiner Seele wohnt? Ist das, was die Tiefenpsychologie über mich sagt, alles? Weiß ich wirklich, was mein eigenes höheres Wesen ist, welches meine Ideale sind, wonach ich strebe, was ich suche? Der Mensch ist offen nach allen vier Richtungen, nach rückwärts und nach vorwärts, in die Tiefe und in die Höhe. Indem er fragt, wird der ganze Mensch zur Frage. Wir werden uns gegenseitig zur Frage, wir werden uns selber zur Frage. Und an diesen Grenzerlebnissen, an diesen Grenzen, die scheinbar geschlossene Pforten sind, hinter denen man die Wirklichkeiten ahnt, die den Menschen bilden – tiefer als meine Seele, höher als mein Geist, weiter als meine Geburt, weiter als mein Tod – entsteht die seelische Not.

Die Einsamkeiten, die Furcht- und Angstzustände, die Schwächen und Ohnmachtserlebnisse, die Entbehrungserfahrungen, die Erlebnisse der Sinnlosigkeit und der Verzweiflungen. Wer kennt das nicht? So oder so! Und dennoch, genau an diesem Enden unseres bewußten Daseins von früh bis abends und unseres unbewußten Daseins von abends bis früh im Schlaf lebt fortwährend etwas ganz schwach, leise und doch wesenhaft. Die Ahnung davon, daß ich mehr bin, als ich von mir weiß, daß ich reiner und höher bin, als ich von mir weiß, daß ich tiefer bin, als ich von mir weiß, daß ich viel weiter vergangen und viel weiter zukünftig bin, als ich von mir weiß. Die Ahnung vom wahren Wesen von Menschen. Und aus dieser Ahnung steigt eine zarte Sehnsucht. Wonach? Der Mensch kann es gar nicht sagen. Fortwährend, in allen Schwierigkeiten lebt eine leise Hoffnung. Ahnung, Sehnsucht, Hoffnung – immer wieder und wieder steigen wir in diesen Bereich. Mal durchleben wir ihn bewußt, mal bleibt er halbbewußt, mal unbewußt, geht aber immer mit uns mit durch das Leben. Und sehen Sie, diese Grenzerlebnisse beinhalten zu den genannten, die ich eben kurz charakterisiert habe, ein weiteres. Das ist, man möchte sagen, das Verborgendste im Menschen. Nämlich dies, daß irgendwo jeder von uns das Gefühl hat: Es fehlt mir eigentlich, so wie ich mich als wacher, reifer Erdenmensch hier erlebe, die volle Kraft, das volle Licht, die volle Bejahung meines Schicksals. Es müßte in meinem Inneren einen Ruck geben. Es müßte da tief innen etwas aufbrechen! – So wie wir höher sind, als wir meinen, und besser, so wie wir tiefer und gediegener sind, als wir meinen, so wie wir vergangener und zukünftiger sind, als wir meinen, so sind wir auch im tiefsten Grunde unserer Herzen wie eine offene – ich darf das so formulieren – wunde Stelle. Eine offene, leere wunde Stelle ist da drin. Wir versuchen fortwährend, sie auf der einen Seite zu empfinden, auf der anderen Seite ihr auszuweichen. Und *diese* Stelle im Menschen fragt nach dem Christus-Licht. Das ist die Frage: Wie gewinne ich diese leuchtende Kraft, die ich brauche, aus der Menschenliebe und Güte in die Welt strahlt? Wie gewinne ich das Licht, das mir die Welt so verständlich macht, daß ich erlebe, wie das Göttliche in ihr waltet? Wie gewinne ich das *Bewußtsein,* daß ich mein Schicksal, sei es wie es ist, im allertiefsten bejahen kann, weil ich es im Grunde selber will. Das Mysterium des freien Menschen ist ein Mysterium der wahren Selbstfindung. Und die Frage, wer bin ich, wo ist mein wesentliches Ich, sehen Sie, sie wird mit einem merkwürdig trostvollen Satz beantwortet. Einem Satz, den Sie zum Beispiel am Ende des »Peer Gynt«-Dramas die Frau sprechen hören. Als Peer Gynt nach seinen langen Abenteuern schließlich bei Solveig ankommt und die Frage stellt: Wo war ich denn? da antwortet sie: Bei mir! In Glaube, Liebe, Hoffnung, bei mir. – Wo sind wir? Es gibt jemanden in der Welt, der sagt: »Bei Mir!«

Wenn der Mensch ehrlich und redlich genug ist, diese offene Stelle in seiner innersten Existenz wahrzunehmen, dann tut das Christentum seinen entscheidenden Schritt in der Gegenwart, es kommt nämlich beim *freien* Menschen an. Es kommt an als jene innere Erfahrung, die darin besteht, daß ich mir sagen muß: Ich bin so lange nicht ganz ich selber und bei mir selber, solange ich nicht diese merkwürdige Gegenwart spüre von dem, der sagt: Ich bin der Gute Hirte – Ich bin der Weinstock, und ihr seid die Reben an mir. – Sehen Sie, die Christuserfahrung ist eine ganz innerliche Angelegenheit, sie ist der Weg nach innen. Durch keine Theologie, durch keine Verkündigung kann sich der freie Mensch von dem letzten Schritt des Christentums überzeugen als ausschließlich durch die Erfahrung einer inneren Wirklichkeit. Und diese innere Wirklichkeit hat mit ihm selber etwas zu tun, mit diesem freien Ich. In dem Zeitalter des freien Menschen werden wir fortwährend aufgefordert, diese Dinge zunächst einmal mit innerer Wahrhaftigkeit zu *denken*. Das heißt aber, den Mut zu haben, sich selber gegenüberzutreten, zu spüren, wie es auf diesem Weg nach innen in Wahrheit aussieht. – Seit einem Jahrhundert tritt ein hohes Engelwesen fortwährend aus der geistigen Welt an jeden einzelnen freien Menschen heran mit der Frage: Wohin wendest du deine Gedanken? Wendest du deine Gedanken nur auf die äußere sinnliche Welt, gehst du nur den Weg nach außen? Du kannst die großartigsten

Dinge machen, du selber gehst verloren, dir selbst! Wie gehst du mit den Gedanken um, die nach innen führen? Benützt du sie so, daß du nur zu einem Selbstgefühl kommst? Wendest du sie materialistisch äußerlich oder subjektivistisch innerlich an, oder folgst du mir und lernst, deine Gedanken zu einer solchen inneren Wahrhaftigkeit zu bringen, daß du dir über die wahre Situation deines freien Ich Klarheit verschaffst, daß du den Mut hast, dir einzugestehen, daß in deinem tiefsten Herzen eine leere Stätte ist, die ausschließlich für Christus bereitliegt. Indem der Mensch etwas von dieser leeren Stätte in seinem Herzen fühlt, wirkt dieses Gefühl wie eine Öffnung des tiefsten Menschenwesens zu einer geistigen Welt hin. An dieser Stelle steht heute ein hohes Engelwesen, ganz nahe dem Menschen, es ist das der Erzengel Michael. Von diesem Wesen geht eine Kraft aus, die das menschliche Bewußtsein dazu aufruft, nicht nur das Gefühl der Leere zu einer wirklichen geistigen Welt hinzuwenden, sondern die Kraft der eigenen Gedanken zum Geist zu wenden. Es entsteht im Menschen durch das Wirken des Erzengels Michael ein Impuls: Ich will meine Gedanken nicht nur äußerlich auf die Materie lenken, auch nicht nur innerlich auf mein subjektives Selbstgefühl, sondern ich will meine Gedanken erheben zu einer klaren, inneren Wahrhaftigkeit meiner eigenen Existenz, um wirklich zu erfahren, wie es um mich steht. Dann wird in meinem Bewußtsein die Frage, wer bin ich denn, und die Frage: wo bin ich eigentlich – beantwortet. Sie wird beantwortet von Seiten der geistigen Welt durch das Christuswesen: Du bist selbst ein geistiges Wesen und bist als solches immer auch bei mir. Und indem ich zu Dir und Du zu mir kommst, bist Du erst die Wirklichkeit des freien Menschen. Vorher warst Du die Sehnsucht des freien Menschen. Dann wird sich im Menschen ein Licht, eine Wärme und ein Vertrauen entzünden, das die Wirkung der Christusweltenkraft im Menschenherzen, im Menschengeiste, in der Menschenseele und im Menschenleib wirksam werden läßt. Von da aus wird dann etwas aus dem Menschen ausströmen: die Liebe zu Christus, die Liebe zu den Mitmenschen und die Liebe zur Erde und ihren Geschöpfen. Hier liegt die Zukunft des fortschreitenden Christentums.

Das fortschreitende Christentum. – Der dieses Christentum ist, will zum freien Menschen. Und der freie Mensch will sich von Michael, von dem Geistes- und Bewußtseinsfürsten, anregen lassen, das Freieste, was er zunächst hat, nämlich seine Gedanken zu lösen aus der Gebundenheit an die Materie, zu lösen aus der Gebundenheit an das subjektivistische Selbstgefühl, um sein Gefühl hinzuwenden zu dem, der im einzelnen Menschen das Christentum fortschreiten läßt.

Lassen Sie mich mit drei Worten schließen. Das eine ist von Rudolf Steiner:

»Du selbst, erkennender, fühlender, wollender
Mensch,
Du bist das Rätsel der Welt.
Was sie verbirgt,
In dir wird es offenbar, es wird
In deinem Geiste Licht,
In deiner Seele Wärme,
Und deines Atems Kraft,
Sie bindet dir die Leibeswesenheit

An Seelenwelten,
An Geistesreiche.
Sie führt dich in den Stoff,
Daß du dich menschlich findest,
Sie führt dich in den Geist,
Daß du dich geistig nicht verlierest.«*

Indem dieses durch den Menschen zieht, erfüllt sich, was vor 2000 Jahren gesprochen worden ist, verehrte liebe Anwesende:
»και ιδοὺ ἐγὼ μεθ' υμῶν ειμι πάσας τας ἣμὲρας έως τῆς συντε λείας τοῦ αιῶνος.
Denn, siehe, ich bleibe bei euch, durch alle Tage, bis der Äon sein Ziel erreicht hat« (Matth. 28,20).

So spricht dann der dritte:

»Ich sag es jedem, daß er lebt
Und auferstanden ist,
Daß er in unserer Mitte schwebt
Und ewig bei uns ist.
Ich sag es jedem, jeder sagt
Es seinen Freunden gleich,
Daß bald an allen Orten tagt
Das neue Himmelreich.« **

* Rudolf Steiner, »Wahrspruchworte«, GA 40
** Novalis, geistliche Lieder, in: Schriften, Stuttgart 1977